『こまち』出発進行!!

―開業までの秋田新幹線小史―

宮 利 雄

あきた さきがけブック No.23

はじめに

秋田県民待望の秋田新幹線開業は、秒読み段階。三月二十二日には、ほっそり型、愛くるしいスマートなボディの『こまち』が出発進行、奥羽路を疾駆。秋田―東京間、乗り換えなしで、最速三時間四十九分で直結、従来より五十分ほどの時間短縮が実現する。

秋田新幹線の構想から十数年、夢のプロジェクトが、ようやく実を結んだのである。

その〝物語〟を執筆するに当っては、はるか明治時代にさかのぼり、ひもとく必要があった。つまり、今から百年も前から、国内の要人の間でくすぶり続けた「広軌改築論」が、その嚆矢《こうし》といっていい。幾多の変遷を経て、昭和三十九年秋、東海道新幹線の開業へと到達する。

日本の鉄道建設は、いつの時代でも、国の経済・社会情勢、国鉄―ＪＲをはじめとする財政事情等が左右することは明らかである。

待ちわびた秋田新幹線が開業するが、今後は、山形以北〈山形新幹線〉、秋田以北〈秋田新幹線〉延伸問題に、そのターゲットが移り進んでいこう。

この稿を書き上げ、校正途中の二月十四日、山形県は、山形新幹線の新庄までの建設計画（山形―新庄間六十一・五㌔）を発表。開業目標を二〇〇〇年四月とし、ＪＲ東日本は、二月二十一日同計画を決めた。

本県南部、湯沢・横手地区の住民にとって、かすかな光明を見い出したといえよう。

その熱い思いを込めながら、ここで喜びを新にすると共に、明治から平成に至る鉄道発達史と秋田新幹線開業までの経緯と、その概要の書き下ろしを多くの方々に読んでいただければ、筆者としてこの上もない幸せである。

広軌＝新幹線時代到来

昭和三十九（一九六四）年十月十日、この日は、天空に雲一つない、あくまでも澄みきった日本晴れであった。

新装なった国立競技場スタンドには、秋の和らかい光が注がれ、満ちあふれていた。

午後二時五十八分、ロイヤル・ボックスの昭和天皇は、凛《りん》とした荘重な、おもむきのある独特なご口調で、「第十八回近代オリンピアードを祝い、ここにオリンピック東京大会の開会を宣言します」と、力強く開会を宣せられた。

場内を圧するご発声のあと、ファンファーレが、聖火台の真下から響きわたった。

世界九十四カ国から七千余名の選手役員が、ひときわ鮮やかな芝生に整然と並んだ。

競技場大円周には、百十一本のポールに多彩な旗がなびいた。

開会式は、秒を刻んだ見事な演出であった。全観衆は、しばし酔いしれて……。アジアで初のオリンピックは、幕を切っておとされたのである。

その九日前の十月一日、東京駅プラットホームでは、もう一つのドラマが展開していたのである。

この日、午前六時、ブラスバンドの軽快なマーチに送られて、世界に誇り得る〝夢の超特急〟＝東海道新幹線の開業テープが、石田禮助第五代国鉄総裁の手によって切られ、流線形の白い車体が、東京駅をスタートした。

世界各国から日本を訪れた外国人の多くは、新幹線の疾走雄姿を目のあたりにし、一様に驚きの目を見はった。

東海道新幹線の開業は、世界の鉄道史に新しい一ページをファイルしたことは当然であるが、計画当時から、巷《ちまた》では、「現代の神話」であると揶揄《やゆ》されてもいた。

東京タワー百基分という膨大な鉄量、新丸ビルをマスにして十六杯分の砂利と、百二十杯分の盛土を用い、山を断ち切り、川を渡って、着工以来五年有余で、東京―大阪間五百十五キロを、広軌のロングレールで結んだ。

しかし、新幹線の誕生は、夢の科学の産物というだけではなく、必然性を帯びて登場したものと断言できよう。

表面は「現代の神話」に見えたかもしれないが、当時の東海道線の輸送の行き詰まりを打開し、すし詰め列車を解消するために、最後の手段として計画された新幹線こそ、科学の粋を集中して、安全に、快適に、しかも高速運転をモットーとした、陸上輸送機関の最たるものであった。

ここで、東海道新幹線の必要性と経過を、少し述べてみよう。

東海道本線の輸送力の行き詰まりは、すでに敗戦直後から問題にされており、昭和三十一年五月、国鉄に東海道線増強調査会が設置され、広軌別線、

昭和39年10月1日、開業した東海道新幹線

狭軌別線、狭軌腹付け線増などの案が検討された。

その前年、フランス国鉄の電気機関車が、最高時速三三一キロの世界記録をつくったこともあって、高速運転の可能性を追求する方向が、わが国の技術陣に強まっていた。

同三十二年五月二十五日、国鉄の鉄道技術研究所が、公開講演会を開き、東京・大阪間最高時速二五〇キロ、三時間運転の可能性を発表した。

翌三十三年七月七日、日本国有鉄道新幹線調査会は、運輸大臣に答申書を提出、広軌別線案を支持した。

次の年の三月三十一日、第三十一国会で予算が承認され、四月二十日には新丹那トンネル東口で起工式が行われた。

東海道沿線地域は、日本のメガロポリスといわれる地帯。当時、人口密度は全国平均の二・六倍、人口は全人口の四三％、工業生産額は全国の七〇％。しかも将来の産業都市計画や工業開発計画面からも、旅客の流動や、貨物需要の増加は確実であった。

昭和三十六年、東海道線の旅客輸送量は三三五億人キロ（全国鉄の二五・四％）、貨物輸送量一三五億トン（全国鉄の二三・五％）の数値を示し、さらに輸送量の伸びを想定すると、同地域であるわが国の動脈地帯の輸送力は、早晩行き詰まることは必至であった。

その硬化現象は、東海道線にとどまらず、これと相互発着する山陽、北陸、紀勢等全国的に旅客貨物の輸送を阻害し、わが国の社会経済圏活動の円滑化をはばむ結果になることが明らかであった。

広軌改築論は明治中期に浮上

日本の鉄道のゲージ（軌間）は、明治五年鉄道開通以来三呎《フィート》六吋《インチ》〈一・〇六七メートル〉であり、いわゆる狭軌と呼び、一般に知られている。

新幹線は標準軌の一・四三五メートルで、広軌と称している。

わが国の鉄道は、英国の鉄道技術を導入して、明治五（一八七二）年、新橋—横浜間に開通したのが始まりで、この時に英国の植民地でも多く使われていた一・〇六七メートルの狭軌を採用したもので、当時、政府要人の大隈重信は、レール幅の意味をよく分からないまま、「日本の国土は狭いので、この幅で十分だ」と、英国人技師に答えた、というエピソードが残っている。

鉄道建設当時、軌間についての論議が交されたことはあったが、時の鉄道寮鉄道頭（鉄道当局のトップ）井上勝は、この問題について

「自分もいささか欧人の所論を研究してみたのであったが、わが国のごとく山や河が多く、また屈曲も多い地形のところでは三呎六吋の軌間が適当であると思った。イギリス等の如く四呎八吋の軌間では過大にすぎ、不経済である。ことに、そのころのわが国情からいって広軌を百哩《マイル》をつくるよりも、狭軌を百三十哩もつくる方が国の利益が多いと考えたので、そのことを大隈公にもすすめたのであった。そして廟議はついに三呎六吋を採用することに決定したのである」と述べている。

その後、レール幅を変えようとする動きは、いくつか存在していた。

わが国の鉄道創業時代においては、鉄道政策は、主として軍事上の見地から論ぜられていた。

軌間政策の問題も、初め軍人たちによって議論されたのは事実であった。

明治十九年、「三呎六吋の狭軌鉄道では、一旦緩急ある場合、軍事輸送に差し支えるから、すべからくこれを広軌に改正すべきだ」の意見が、参謀本部によってもたらされたのである。

広軌改築の問題は、その後二十数年間、鉄道史上に重大な役割を演ずるのみならず、政界にも波紋が広がる。

軍部の意見に対する鉄道局長官の考えが相違、参謀本部員と鉄道局員との会合がしばしば行われたが、一致するには至らなかった。

明治二十五年十二月十四日、鉄道会議（鉄道工事の着手の順序や、起業公債について政府の諮詢《しじゅん》する機関）において、議員子爵谷干城将軍が、広軌道論を提唱した。

その論旨は「中央幹線に属する鉄道は経済的見

地よりも、むしろ軍事的見地に立脚して広軌に改築すべきである。したがって、青森から東西両京を貫き、馬関に達する幹線鉄道は、今日より広軌道の趣旨をとるべきである。ただ、支線や特別線にあっては、軍港や要塞に直接するものを除き、従来通り狭軌でもよろしい」

鉄道会議では、特別委員を選んで、その問題を審議したが、現状維持を有利とする説が多数を占め、原案は否決された。

その後もいくつかの場面で議論される。

明治末年から大正にかけ鉄道院総裁の後藤新平も広軌改築論者で、再三提唱したが、大正七年九月、原敬内閣が成立するに至り、この問題を取り上げることはなかった。

かように、改軌論はくすぶり続け、政治問題化して、政友会、民政党の二大政党の政争ともなり、文字どおり、国論を二分する論争となった。

新線建設に重点をおく建主改従論と、改軌を主張する改主建従論の対立がそれである。

なお、新幹線の元々の計画は、日中戦争最中の昭和十三年、東京—下関間を九時間で結ぶ「弾丸列車」を走らせる構想が下敷きになっている。

計画では、工期は約十年。同十六年に新丹那トンネルや、日本坂トンネルなどのトンネル区間から着工された。しかし、太平洋戦争が破局に向かいはじめた十八年には、工事が全面ストップしたという経緯があることも付記しておく。

東海道新幹線の特長

新幹線の特長を列挙すると際限もないが、そのポイントを説明しておきたい。

東海道新幹線の新機軸の一つに、踏み切りが皆無であることが、まず挙げられる。

この時点で、東海道本線には、東京—大阪間五百五十六キロ余の間に、千百カ所を超える踏み切りがあるわけだ。

新幹線では、自動車の通れる道路はもちろんのこと、田んぼのあぜみちまでもすべて立体交差化したから、踏切事故の心配はない。

線路の枕木はPSコンクリート製。気温の変化による伸縮の心配は無用。レール千五百㍍《メートル》ごとの継ぎ目の所には、伸縮継ぎ目という特殊な方法を採用、レールが外部へ伸びることを許容している。したがって、これまでのようにレールの継ぎ目やポイントを渡る時のカタコトという音や、ガタンガタンという振動が、まったく感じないほどだ。

列車はすべて電車。開業当初は十二両編成が三十編成。東京は品川、大阪は鳥飼の基地に配属された。

車両の外形は、両端が美しい流線形。ブルーとアイボリー・ホワイトのツートーンの仕上げは新鮮。前頭部のヘッドライトが大形で象徴的である。

全車両冷暖房空気調整完備。デラックスですわり心地満点の座席におさまる。見送りの人が手を振っているのが窓から見える。声がまったく聞こえないのは、防音、防熱の二重ガラスになっているからだ。

洗面所には、三面鏡、エアタオル、冷たい飲み水の設備があり、明るく清潔で気持ちよい。

一方、保安設備も完全。万一運転士が信号による制限速度を超えて運転を続けたり、停止信号を無視した場合には、自動的にブレーキを働かせて、スピード制限時速以下に下げたり、あるいは停止するまでブレーキをかけるATCというシステムを導入した。

また、CTC（列車集中制御装置）という設備があり、いながらにして全線の現場のどこに列車が走っているかキャッチできるようになっていると同時に、各駅のポイントや信号の取り扱いも一カ所で遠隔操作し、極超短波の列車無線電話で、各列車に指令を発し、また各駅や沿線の各施設とも電話連絡がとれるようになっている。

開業時は、東京―新大阪間を四時間で結んだ東海道新幹線は、五年半の歳月と、約四千億円の巨費を費して完成したのである。

工事関係者の労苦はもとより、広軌鉄道の新幹線計画を強硬に推し進めたのが、十河信二国鉄総裁であったことは、つとに知られているが、昭和三十七年十月三十一日、試運転列車に初めて乗車して、時速二百キロを出した時、十河総裁は思わず「バンサイ!!」を叫び、涙を浮べたという。

　ここで、忘れてならない人物を挙げておくべきであろう。新幹線建設を指揮した島秀雄技師長である。十河信二の片腕となった島技師長は「戦前から培ってきた技術をフルに活用すれば、東京―大阪を三時間で結ぶ高速鉄道が必ず実現できる」と豪語し、新システム開発の先頭に立って活躍したのである。

登場十年目で八億人輸送達成

〈たくさんの人間を短時間のうちに遠くまで運ぶ〉――いわゆる大量高速輸送の象徴的存在として誕生した新幹線は、昭和三十九年十月一日に東京―新大阪間に登場してから十年目で、完全に「国民の足」として、確たる地歩を築き、八億人輸送を達成した。

　この間、利用者の伸び率をみるに、初めての一億人達成までは、一千十六日間かかっていたものが、二億人目までには、約半分の五百九十七日となり、この日数はさらに縮まって六億人目が三百十六日、七億人目が二百七十日と、次々と記録を塗り替え、十年目で八億人を運ぶに至った。

　当然ながら、輸送力も旅客需要に見合うよう増強されたことは、いうまでもない。

　開業時当初は上下合わせて六十本。列車キロ五百五十万キロと〝小規模〟だった運転形態は、四十年度上下百十本、列車キロ千五百二十万キロ、四十四年度には上下二百本に達し、列車キロも三千百万キロに増えた。

　十年後の四十九年度には、上下二百三十五本。列車キロも四千百五十万キロと、飛躍的に伸びていた。

　なお、四十年十一月一日には、「ひかり」号は東京―新大阪間三時間十分運転にスピードアップ。四十五年二月二十五日、「ひかり」オール十六両化が完成した。（「こだま」は四十八年七月二十九日十六両化）

（注）列車キロ＝営業線路上を運転する列車の走行キロ。鉄道輸送の作業量を示す指標で、列車回数に通過距離（駅間キロ）を乗じたもの。

さらに、東海道新幹線は、開業三十年目の平成六年十月一日までに、東京―大阪間で約二十八億人を運び、「乗客の死傷事故ゼロ」の記録を更新する〝金字塔〟をうちたてた。

新幹線「ひかり」は西へ

昭和四十七年三月十五日、東海道新幹線・新大阪から岡山まで百六十一キロの山陽新幹線が開業した。

当時は、百六十一キロのうち、五十八キロがトンネル、残りの区間のほとんどが高架橋となっている。

さらに西へ向かって、同五十年三月十日には、山陽新幹線岡山―博多間が開業。東京―博多間を六時間五十六分で結び、「ひかり」は九州にまで届いた。

みちのくにも新幹線

世界に冠たる世紀の鉄道、東海道新幹線が開業してから二年余後、昭和四十二年九月一日、国鉄は「全国幹線鉄道網構想」を、首都圏鉄道網の整備と併せて発表した。

同計画では、旭川・東京間六時間二十分、東京・鹿児島間を七時間十分で結び、旭川・鹿児島間十三時間三十分とし、主要都市相互間を日帰りにする画期的なものであった。

総延長四千キロ。建設費は、車両と基地経費を除き、三兆九千億円という膨大なもの。実に一キロ当たり十億円もする高額な鉄道建設のプロジェクトである。

当時、この計画が説得力を持ったのは、その背景に、〝夢の超特急〟といわれた東海道新幹線が現実の姿となって疾走、その延長として山陽新幹線の着工をみたこと。加えて、国土の均衡ある発展をはかるねらいと、昭和三十年代後半の急激な経済成長により、高速交通体系の必要性が一段と高まっていたことがある。

さらに、同四十五年五月十三日、「全国新幹線整備法」が、第四十八回鉄道建設審議会の審議を経て、第六十三通常国会で可決成立した。

かような情勢下、東北新幹線建設が具体化されるのである。

四十六年一月十八日には、東北新幹線（東京―盛岡間）と上越新幹線の基本計画が決定。同年十月十四日、運輸大臣が東北新幹線の工事実施計画を認可。東京―大宮間は地下方式。国鉄は、工事完成を五十一年度、開業時期は五十二年と発表した。

十一月二十八日、工事のくわ入れ式と起工式を仙台、盛岡でそれぞれ執行、完成目指して諸工事が進められた。

しかし、建設の歩みは順調に推移することなく、進ちょくを阻害する要素が、いくつか累積したのである。

折しも、国鉄財政の悪化や沿線の用地問題なども介在したが、着工直後の石油ショック、政府の総需要抑制策による公共事業の大幅削減、建設資材の高騰などから工事の一時中断をも招いた。

さらに追い討ちをかけるように、五十三年二月二十日の宮城県北地震、六月十二日の宮城県沖地震と大きな災害に遭遇、工事中の施設が破壊されるという事態もあった。

建設テンポの緩慢さは、沿線住民の間から騒音、震動など新幹線公害反対の声が高まったこともあり、また、終盤になってからは、用地買収の遅れにより、東京駅乗り入れが大幅な延期となった。

すなわち、御徒町トンネル地上の地権者や道路移設で、土地を削られるJR神田駅付近の地主との用地買収交渉が難航したからである。

このように多難な道をたどりながら、障害を一つ一つ乗り越え、五十七年六月二十三日、大宮暫定開業に漕ぎつけたのである。

着工から足かけ十二年の歳月をかけ、みちのくの地に新幹線が走ったのである。

ついに、隣県にまで新幹線が延びたことに、秋田県民の胸中には、ある羨望《せんぼう》と淡い期待感がよぎって、複雑な思いであった。

なお、上越新幹線新潟―大宮間は、ひと足遅く、同年十一月十五日開業となる。

盛岡—東京間は四百九十六キロ。東北新幹線の総工費は二兆七千二十億円。盛岡から大宮、リレー号を利用して乗り換え時間を含め上野までは三時間五十八分。在来線より二時間二十五分短縮された。

東海道新幹線の開業から十八年後、まさに、東京が盛岡から「日帰り圏」に入ったのである。

ちなみに、鉄道開通以来の盛岡—上野間の所要時分をみると、隔世の感が深い。

○明治24年　日本鉄道　18時間5分
○昭和36年　DC特急はつかり　7時間17分
○昭和40年　EC特急やまびこ　7時間5分
○昭和43年　EC特急はつかり　6時間4分
○昭和57年　東北新幹線　4時間

□東北・上越用（200系）新幹線電車のあらまし

東北・上越新幹線の車両は200系電車。大きさは、東海道・山陽新幹線で走っている電車と全く同じ大きさで、東北本線を走っていた特急「ひばり」と比べると、一回り大きくなっている。

東北新幹線上野駅乗り入れ日（秋田駅6番ホーム）・（昭和60年3月14日）

性能については、これまでの新幹線は雪に弱く、たびたび遅延を余儀なくされたが、二〇〇系電車は、少々雪が降ろうが、積もろうが、影響されることなく、時速二百十キロの速度で走ることができるように工夫された。

つまり、電車の先端には「スノープラウ」という、ラッセル車のような形をしたものが付いていて、線路上の雪を線路の外に飛ばしながら走る。

また、高速走行中に、線路内の雪が床下の機器にくっつき、いろんな故障や破損事故の原因となっていたが、当該電車では、床下の機器を従来のようにむき出しにしないで、車体の一部ですっぽり覆ってしまった。この方法は、ボディマウント方式という。

こうした性能の改善は、東海道新幹線の使用実績、その後発生した新幹線の公害防止対策ならびに雪寒対策等の経験を生かして実現したもので、諸外国にも例のない高水準のものである。

車体は、緑とアイボリーホワイトのアルミニウム合金溶接組立構造でスマート。普通車は、室内の色をオレンジ系とグリーン系に分けて、変化をもたせ、今までの新幹線より座席の間隔を広くしている。グリーン車は、頭部分に特徴をもたせ、背面には大形テーブル網袋の付いた五段式リクライニングシート。表地はワインレッドの難燃性紙モケットを使用している。

そのほかに、身体の不自由な方のための配慮を凝らした設計をほどこした。

昭和六十年に上野乗り入れ

大宮暫定開業から二年九カ月目、昭和六十年三月十四日に東北・上越新幹線が上野駅に滑り込んだ。

待望久しかっただけに、喜びもひとしお。この日、東北と首都が初めて直結、東北の交通体系は本格的な新幹線時代に突入した。

秋田駅舎正面には大きな看板が掲げられ、秋田駅六番ホームでは、記念式典が行われた。

上野駅開業を機に、国鉄のダイヤが大幅に改正。

最高時速を国鉄史上初の二百四十キロにスピードアップ。首都圏がぐんと近くなった。

ダイヤ改正では、東北新幹線が一日四十七往復（従来は三〇往復）と六割増便。上越新幹線は同三十四往復（同二十一往復）に増発されたほか、新幹線アクセス線などを軸に整備された。

秋田県関係では、田沢湖線の特急「たざわ」がわずかにスピードアップし、盛岡での接続時間も短縮。「スーパーやまびこ」乗り継ぎは、秋田―上野間は四時間四十五分、秋田―仙台間は二時間五十一分となった。

さらに、特急「たざわ」六往復のうち二往復が青森まで延長され、県北の利用者には利便性が増し、不便が解消された。

秋田駅でのセレモニーは、盛岡駅で新幹線に接続する一番列車の特急「たざわ2号」七時十分発のホームで行われた。

矢島明彦秋鉄局長のあいさつ後、同列車の運転士、車掌と乗客代表に選ばれた主婦の三人に、秋田市観光コンパニオンが花束を贈呈。関係者によるテープカットに続いてくす玉が割られ、秋鉄局のブラスバンドＲＭＣが演奏するなか「たざわ2号」は秋田駅ホームを離れ盛岡へ向かった。

イメージ一新の上野地下駅

東北新幹線の当初計画では、東京駅を起点とし、ホーム二面を確保することで計画していたが、その後、山陽新幹線博多開業を契機に、東京駅の容量不足が明らかになり、東京駅では東北対応として一面しか確保できないことになった。

そこで、東京のサブターミナルとして地元要望もあり、上野にホーム二面の地下駅を新設することとし、昭和五十二年十二月、工事実施計画の変更認可を得たのである。

上野地下駅は、上野駅の駅前広場、地平ホーム、電留線および都道下に構築するため、数多くの在来施設、構造物が支障となる。工事はこれらを仮り受けしてから施工することとなり、昭和五十三年十月に着工、約六年半を経て完成させた。

新幹線上野駅は、地上三階、地下四階。地下は幅四十八メートル、長さ八百四十八メートル、約九万平方メートル。当時の後楽園球場のグランドが九面も入る広さで、東京駅の地下駅を抜いて日本一である。

東洋一を誇る高低差のあるエスカレーターや大ステンドグラスなど、従来の上野駅のイメージを一新させた。

地下四階、深さ三十メートルほどの所にあるホームは、幅十二メートルのものが二本、19・20番が上越用、21・22番が東北用である。

ここに到着すると、まず地下三階に上り、ここから地上一階へは直行するエスカレーター、乗り継ぎエスカレーターのどちらを利用しても行ける。

エスカレーターは十八カ所に計三十三基。エレベーターも身障者用を含め七基。地下二、三階をぶち抜いた四つのホールには、水銀灯のシャンデリアが輝き、地下であることを感じさせない明るさである。

上野駅新幹線のりば。コンコースの乗客

国鉄ソング〃第三弾〃も伴走

昭和六十年三月十四日、新幹線上野駅開業に際して、国鉄は大々的にPR作戦を展開した。

キャッチフレーズは「気軽に　ＴＯＫＹＯ・もう東京は日帰り圏……」と、呼びかけた。

また、開業を記念して、国鉄は「まるごと自然―東北」のキャンペーンテーマソング「誘い雲」（小椋佳作詞、竜崎孝路作曲）を制作、叶和貴子が吹きこんだ。

これより先、昭和五十三年には、谷村新司作詞・作曲、山口百恵が歌った「いい日旅立ち」があり、続いて、郷ひろみの「二億四千万の瞳」が制作されている。「誘い雲」は、これに次ぐ国鉄ソング第三弾として、全国的に大ヒットさせて、東北ブームを巻き起こそうという、熱い願いがこめられていた。

大型ポスターにも、叶和貴子の麗姿を配し、人々の目を注がせるべく宣伝につとめた。

なお、この時期、「科学万博―つくば'85」が、六十年三月十七日開幕（九月十六日まで）したこともあって、新幹線利用の東京行き旅客も急増、新幹線効果が如実にあらわれたことも特筆されよう。

東京駅開業で「北の玄関」主役交代

緑のラインの「やまびこ」「あさひ」が、平成三年六月二十日、ついに東京駅に姿を現した。

東北・上越新幹線の上野―東京間三・六キロが開業、盛岡―東京間四九六・四八キロ、新潟―東京間三〇〇・八四キロが、それぞれ一つのレールで結ばれた。

上野―東京間の工事は、国鉄再建監理委員会の緊急提言で凍結されていたが、ＪＲ発足に伴い再開された。

予定より三カ月延期したのは、御徒町トンネル工事での陥没事故によるものだった。

これより四日前の十六日、東京のＪＲ新宿駅に八四のなまはげが出現、乗降客を驚かせた。

東北新幹線が東京駅に乗り入れることから「東京から近くなる東北」をPRするため、秋田から上京したもの。

主催はJR東日本、日本交通公社など大手旅行業者と協定を結んでいる東北六県の旅館、ホテルなどで組織する東北観光誘致宣伝協議会の実行委。なまはげのほか、岩手の獅子踊り、青森のねぶた踊りなど、各県の郷土芸能を披露したり、利き酒なども振るまった。

なかでも、なまはげは子供たちに人気が集まり、握手攻めに合うなど、記念撮影に応じてサービスにつとめ、東北への旅を誘って成果を挙げた。

一方、開業当日の二十日には、東京丸の内北口ドームで、東北六県で組織する「東北地方観光推進協議会」と新潟県を加えた、観光キャンペーンが行われた。

「東北・越後グラフィティ'91」と銘打つ同キャンペーンは三日間。秋田県からは「猿倉人形芝居」、ほかに青森県の津軽三味線など。また、各県のミス嬢によるお国自慢の物産プレゼントなども加わった。夜は民謡歌手の原田直之さんらのコンサートも開かれ、秋田長持唄など、にぎやかに民謡が披露され、東北売り込み作戦に拍車をかけた。

このように、東京駅は〝お祭り気分〟で盛り上がったものの、上野駅からは「北の玄関」のにぎわいは、ぷっつりと消えた。

まさに北の玄関の主役交代。「北の玄関口」を東京に譲った上野駅では、セレモニーもなく、寂しい情景。上野駅を利用した東北の多くの人々は寂寥感《せきりょうかん》で胸がふさがれた。

東京駅乗り入れで、定期列車二百一本のうち、九八%が東京発着となり、上野始発着は八本のみとなったからである。

上野駅近くのアメヤ横丁入口に吊《つる》された「新幹線上野駅始発を守ろう!!」の垂れ幕が、心なしかうなだれて、しょんぼりと見えていたようだ。

東京駅発着で、上野は、〝北の玄関口〟の役目に終止符を打ったことは、時勢に流されたとはいえ、いかにも運命的で、ノスタルジアがつのるばかりである。〈いや、センチメンタルになっては

いけないだろうが……〉

慕情つのる「ああ上野駅」

東北・上越新幹線東京駅乗り入れで、新聞報道は、いろんな角度から取り上げていたが、その感じ方、表現の仕方が、明らかに相違していた。

〈「緑の新幹線」が真新しいホームにさっそうと横付けされ、青い帯の東海道・山陽新幹線「ひかり」と並んだ……〉

東京駅の一点描である。

一方、上野駅の立場からは

〈〃ああ上野駅〃思い出の駅に？　避けられぬ素通り―玄関口の利用客減必至〉

のタイトル。

本文リードは〈東北の玄関口と言われ続けてきた上野駅が、その座を明け渡すかもしれない……〉と

ある中央紙は、

〈「寂しいねえ。上野駅にはいつも、故郷がにおっていたのに」……「ああ上野駅」の大ヒットで知られる歌手の井沢八郎さん（五四）は残念がる。歌がはやった一九六四（昭和三九）年当時は高度経済成長の最中。集団就職の若者や出稼ぎ者が続々と上野駅に着いた。井沢さんは「時の流れだから仕方がないが、東京は故郷の駅にはならないね」と、ことばを継ぐ。ほとんどの列車が東京始発着となり、上野を素通りしてしまう。「北の玄関」の役目が、事実上終わる〉

地方紙コラムの一節には、

〈上野駅は東京駅のようにあかぬけてはいない。新宿駅のようにモダンではない。むしろ雑然としている。それでいて懐が深いと言おうか、安心できる駅だ。東北新幹線が走るまでは、ほとんどが夜行での往来だった。人によっては早朝に着き、目的地まで行く時間の過ごし方が決まっていたようだ。……「心の駅」だった〉と。

そもそも、上野駅建設に熱心だったのは、明治維新の代表的政治家岩倉具視《ともみ》（一八二五～一八八三）であったという。文明開化のさきがけである東京府内に停車場を造るにあたり、当時、繁栄途上にある上野を主張。その構想は上野を基点として北へ、奥羽地方の山間未開地域を開発する目的だったのである。

上野駅開業は明治十六（一八八三）年七月二十八日、日本鉄道会社が上野―熊谷間の営業を開始したのに始まる。

大正十二年九月一日の関東大震災で、ほとんど全壊。昭和五年から本格的な駅舎建設に着手。二年後の同七年四月、それまでの木造平屋建てから、耐震、耐火の鉄筋コンクリート造りとなる。

駅舎の仕様は、満鉄の大連駅をモデルとしているだけに、天井の高い広大な中央コンコースは、上野駅ならではの壮大さがあり、文字どおり東北の玄関口にふさわしい偉容をそなえていた。

その上野駅に、昭和六十年三月十四日、東北・上越新幹線がお目見え、開業以来百四年目で、新

県民にはなじみの上野駅舎

たに地下新幹線駅が誕生したのであった。

さきにも一部触れておいたが、東北・上越新幹線の始発駅は、昭和四十六年発表の国鉄案は、東京であった。

最初の停車駅は大宮。上野は素通りだった。以後、駅周辺はもろん地元台東区をあげての誘致運動が始まり、上野公園の下をトンネルで貫くルートに、当時の美濃部都知事が反対した。

建設工事が進行するも、その後上野以西の用地交渉が難航。台東区は五十一年にルートを変更して、上野駅地下に停車させる独自の案を出し、翌年、上野駅新設が実現したという経緯がある。

とにかく、上野駅界わいは、東北からの旅人を、やわらかくつつみこんでくれた。

井沢八郎の歌にある、〈上野は〝おいらの心のふるさと〟〉の一節のとおりである。

流行歌のほか文学者や芸術家が、こよなく上野駅を愛し、望郷の念にかられ、数々の作品を残している。

ふるさとの訛《なまり》なつかし停車場の
人ごみの中にそを聴くにゆく

と、うたったのは岩手県出身の薄幸の詩人石川啄木である。時は明治四十四年ごろ。この停車場は上野であることはいうまでもない。この歌碑が昭和六十三年三月完成した、新幹線乗り換えコンコース三階広場の北側に建てられた。

詩人、小説家である室生犀星は、二十一歳の明治四十三年、文学を志し、原稿の入った風呂敷包みをかかえて、ひとり上野駅に降り立つ。しかし、生活の当てはなく、上野駅でしばしたたずむ。

ひとりの家出人に過ぎなかったが、その時の体験をもとに「上野ステェション」と題した詩を書いた。

トップトップと汽車は出てゆく
汽車はつくつく
あかり点くころ
北国の雪をつもらせて
つかれて熱い息をつく汽車である
みやこやちまたに

遠い雪国の心をうつす
私はふみきりの橋のうへからゆきの匂ひをかいでいる
浅草のあかりもみえる橋の上

画家の安野光雅は、

〈上野にくると私はいつも家の庇《ひさし》を思う。庇はあまやどりの場所である。都会に暮らす人々の憩いの場所というよりも、生活という雨の中を歩いていく人が、しばし雨をよける場所のような気がするのである〉と、語る。

また、上野駅といえば脳裏をよぎるのは、中学卒業者の集団就職臨時列車の情景。そして出かせぎ者の群れが、鮮やかな残像として、まざまざと記憶をよみがえらせるのだ。

日本の経済成長期の〝産物〟として、鉄道輸送の歴史の中で忘れ得ぬひとこまである。

ここで、多くを語ることはできないが、いずれ稿を新たにして、書きとどめておく必要があろう。

南隣県に新幹線建設胎動

〝高速交通過疎県〟ともいわれ、西東北は首都圏から遠い所というイメージを背負っていたのは、秋田、山形両県であったが、東北・上越新幹線上野開業後の昭和六十一年、すい星のように「ミニ新幹線構想」が登場。地方都市再生の切り札として、東西の格差是正をモットーとしたプロジェクトが、にわかに脚光を浴びてきたのである。

この、ミニ新幹線構想が、山形県内で広く知られるようになったのは、六十一年六月の衆参同日選挙の際、鹿野道彦代議士（衆院山形一区）が、その選挙公約に〝新幹線直行特急（ミニ新幹線）構想〟を掲げてからだった。

当時、鹿野代議士は自民党交通部会長を努めていただけに迫力があったことはたしかである。

ミニ新幹線の構想は、旧国鉄部内で相当以前から検討されていたことも周知であり、タイミングを見計らっていた折だったと述懐していた。

この年の十二月、山形県では「新幹線直行特急早期実現期成同盟会」（会長・板垣県知事）を結成。すかさず、ミニ新幹線導入に伴う効果調査を、民間の研究機関に委託し、後日、報告会議をもち推進にはずみをつけた。

　山形県は、正式に〃のろし〃をあげたのであった。

　六十二年夏、運輸省の六十三年度予算概算要求に、在来線高速化事業費として、山形―福島間が盛り込まれ、山形ミニ新幹線着工が確定的となり、山形県民は喜び合った。

　予算要求は、日本鉄道建設公団のＣＤ線（主要幹線建設）方式を採用することとした。

　つまり鉄道公団が建設工事を担当し、完成後、運営主体のＪＲに譲渡。ＪＲ側は長期の延べ払いで、建設費を返済するシステムである。

　建設費は、整備新幹線より大幅に少なくできる上、在来線のスピードアップが図られるのが大きなメリットだ。

　この時点での運輸省の試算では、在来線の最高速度を現行の特急列車より十～二十キロアップし、時速百三十キロで走れるように軌道を改良した場合、建設費は四、五億円と、整備新幹線の三十六億―三十九億に比べ、約七分の一で済み、工期も四、五年と短かいというもの。

山形新幹線開業は「べにばな国体」に照準

　ＪＲ東日本は、平成三年十二月二十四日、山形新幹線の開業日程などを発表した。

　山形新幹線〔東京―山形間三五九・九キロ〕の開業を、平成四年七月とし、同時に東北地区を中心にダイヤ改正を行う。

　山形新幹線は、在来線のレール幅を新幹線と同じ幅（一、四三五ミリ）に広げて、直通運転を可能にするもので、専用の４００系車両六両編成が、東京―山形間を二時間五十分前後で直結する。

　このうち、東京―福島間は八両編成の「やまびこ」「あおば」に併結され、福島で分割・併合する。

なお、四年三月五日には、開業日を七月一日とし、ダイヤを発表した。

運転本数は東京―山形間を一日十四往復。途中駅が福島のみとなる最速列車だと、東京―山形間は二時間二十七分で結ばれ、従来より四十分の短縮。

ノンストップのほか、十一往復の停車駅は、上野、大宮、宇都宮、郡山、福島、米沢、高畠（一部停車）、赤湯、かみのやま温泉（七月一日上ノ山を改称）とする。

試作車両（718系）とは違う、400系電車で、その特徴は、従来の新幹線の高速走行に加え、急こう配や、急カーブに対応できる在来線の機能を併せ持ち、雪や寒さに強いのがご自慢。

車体は、スピード感あふれるシルバーメタリック。銀色に輝くスリムなボディーであるが、色彩については、実は裏話があったという。

決定以前、航空機を意識した、未来感覚のシルバーメタリック調について感想をアンケート調査したところ、山形県の人々からは「もうちょっと

シルバーメタリック調の車両が走る山形新幹線

明るい色を」との要望が多かったので、地元の声を取り入れ、窓の下に緑色のラインを入れ、東北新幹線との一体感を強くしたものとした。

　また、各車両の出入り口には、文字ニュース用電光掲示板が設けられたほか、出入り口のステップは、東北新幹線軌道で使われるはね上げ式構造とし、幅を広くした。

秋田特急第一号『つばさ』愛称名献上

　近年、新商品のネーミングや、各施設オープン時の愛称名を一般から公募するのが通例である。それは、多くの人々から親しみが寄せられ、盛り上がりをはかる方途で、結構なことだ。

　新列車登場の際も当然なこと。建設当時はミニ新幹線と称していた、福島―山形間の「新在直通運転」は、正式に『山形新幹線』と命名された。

　一方、新列車の愛称名を募集したＪＲ東日本は、開業六カ月前の十二月末にその結果を発表した。

　応募数は、海外からも含め、約三万八千四百通に達し、人気の高いことを示した。

　〝人気投票〟の結果は、「べにばな」が四千七百二十八通でトップ。次いで「ざおう」「もがみ」「はながさ」「樹氷」「さくらんぼ」など、山形にちなんだ愛称名が上位を独占したが、採用されたのは、なんと、第九位六百三十三通の「つばさ」だった。

　地元では「在来特急と同じだなんて……」と不満の声が洩れたが、是とする側の言い分は、「奇抜な名称という考え方もあろうが、定着をはかることが大切。東北新幹線の『やまびこ』など、既存の名称を使った例もあるのだから……」と好意的だった。

　ＪＲ側では、長年山形地方を走っていてなじみも深く、高速のイメージが強いと主張していた。

　これまでの新幹線の愛称名は、ひらがなの三文字が主流であるから、たしかに「つばさ」は語呂《ごろ》がいい。

　東海道・山陽は「ひかり」「こだま」「のぞみ」。東北は「あおば」。上越は「あさひ」など。ただし、上越の「とき」、東北の「やまびこ」のような例外もある。

　さて、「つばさ」は高速時代の〝あけぼの〟的ヒーローとして、秋田で華やかにデビューした、特急第一号である。

　陸の孤島ともいわれた奥羽北地方沿線を初めて疾駆したのは、秋田国体、昭和三十六年十月一日であったから、県民にとっては忘れ得ぬできごとだった。

　誕生当時は80系六両編成。また、同時にデビューした「白鳥」（青森―大阪間特急）が、秋田駅同一ホームから、八時十分同時発車という、全国でも珍しい試みとして、鉄道ファンにもてはやされたものだ。

　この、こよなくいつくしんだ「つばさ」の名を、先を越された山形新幹線に〝献上〟するという巡り合わせは、なんと皮肉なことかと、筆者自身も複雑な心境であった。

　かって「つばさをください」という、フォークソングが若い人たちに愛唱されたが、この時、山形からのラブコールが交わされたことへの願いを、隣県人として、素直に受け入れるべきであったし、後年、秋田県南部からは、山形新幹線山形以北延伸運動で「つばさをください」の大合唱が湧き起こったのである。

沿線住民の熱情燃えたぎる

　東京と山形を、日本初のミニ新幹線で結ぶ山形新幹線（三五九・九キロ）が、平成四年七月一日開業した。ついに「つばさ」がはばたき、初夏の紅花路を走り抜けた。

　この日、前夜からの雨がぴたりと止み、晴れあがった。

　東京や山形駅、沿線各駅ではくす玉が割られ、喜びの人々で満ちあふれた。

　東北新幹線開業から丸十年の節目で、山形駅新幹線ホームでは「花笠音頭」のメロディーが高く高く鳴り響いた。

　山形新幹線工事が緒についたころ、筆者は所用で山形へ旅行したが、以前同じ職場で働いた先輩に会い、新幹線の話に及ぶと、口角泡を飛ばし熱弁をふるい、眼の色が変わっていた。その気迫たるやすごかった。

いや、このご当人だけでなかった。山形県民がひとしく、新幹線については異常なほどに熱がこもり、燃えたぎっているのが、こちらにぐいぐい伝わってくるのを覚えたのである。

その取り組み方は、官業民（県、産業、商業、観光業者、一般住民など）一体となってのフィーバーぶりで、いささか驚いたし、そのエネルギーに感服した次第だ。

その一例が停車駅の改築。途中の米沢、高畠、赤湯、かみのやま温泉の四駅が山形新幹線の停車駅だが、終着の山形駅を含め、ほとんどの駅舎が改築された。

このうち、高畠駅と赤湯駅の概要を紹介するが、実にユニークな駅である。

高畠駅には、町民の保養と健康増進を目的に、温泉付きのコミュニティセンター「太陽館」を併設。メルヘンチックなデザインの駅舎は、高畠町が日本のアンデルセンと呼ばれる童話作家、浜田広介のふるさとであることから、イメージしたもの。

〈やすらぎのあるふれあい空間の創造と文化・情報の発信基地〉をコンセプトにした太陽館は、ゆったりくつろいで、温泉を楽しむ人たちの憩いの広場になっている。

一方、赤湯駅は、スカイスポーツのメッカにふさわしく、ハンググライダーの翼をイメージしたデザイン。ここには、市民が利用できるコミュニティー機能を併わせ持つ、南陽市の観光拠点でもある、南陽市総合観光物産センター「サーマル・プラザ」を併設している。

設計のモットーは、自然界に存在しない水平・垂直・直角を排した、自然に同化するもので、訪れる人々を温かく包みこみ、さらに南陽市発展の中心的役割を果している。

県都玄関口の山形駅は、蔵王観光の拠点でもあり、シティホテルとショッピングセンターを持つ、新駅を誕生させた。

駅ビルは「ホテルメトロポリタン山形」を核とし、二階コンコースと直結したホテルのエントランスが華やかな雰囲気を演出。コンコースには、ＪＲのびゅうプラザやショッピングとレストランフロアへの入り口もあり、改札口を出た瞬間から、シティライフの世界が広がっている。

昭和六十三年八月着工、約四年を経て在来線のトンネルを通すなど、車体を小型化した低コストの「ミニ方式」は、建設費約三百八十億円、車両費約百八十億円を要し、「べにばな国体」に、ナイスタイミングで成就させたのである。

しかし、開業後すべて順調に推移したわけではない。いくつか、ハラハラさせる場面も引き起こしたのである。

開業二日目の朝、かねて懸念されていた「踏切障害」が発生。ミニ新幹線の最大の〝泣きどころ〟とされる、安全上の課題が、意外に早く露呈する形となった。

山形発上り新幹線「つばさ」（六両編成）が、米沢市新田のＪＲ奥羽線西屋敷踏切（警報機・遮断機付き、幅二メートル）の約三百メートル手前に差しかかった際、トラックが警報を無視、下がりはじめた遮断機を強引にかいくぐって進入してくるのを見付け、急ブレーキをかけた。新幹線は先頭車両の先端が踏切中央上にかかる形でやっと停車した。

トラックは、その寸前、反対側の遮断機を壊して脱出したため、間一髪で衝突を免れ、惨事に至らなかった。

「つばさ」には、当時約三百人乗車していた。ブレーキをかける瞬間には百二十八キロで走行、踏切に到達するまで十数秒しかかからなかったというから、思えば身のすくむ、ぞっとする状況だった。

このようなトラブルが続出したことで、ＪＲでは新型踏切の導入をはかり、うっかり進入の防止に役立てる工事を行った。

新型踏切は、高さ約五メートルの門型。上部の表示板には、警報灯や列車の進行方向を示す指示器、「踏切一旦停止」の表示が裏側と共に、運転者に読み取れるよう工夫され、二カ所の総工費一億七百万円を投入した。
踏切事故防止のPRは当然ながら、JRがこの貴重な教訓を、のちの秋田新幹線の踏切安全対策に生かしたことは当然である。

整備新幹線

新幹線問題を論ずるとき、是非共、整備新幹線について、その経緯をつかんでおく必要があり、参考として記録しておく。

●全国新幹線鉄道整備法制定（昭和45年5月18日）

高速輸送体系の形成が国土の総合的で普遍的な開発に果たす役割の重要性に照らして、新幹線鉄道網の整備を図り、それによって国民経済の発展と国民生活領域の拡大をはかることを目的とする、法律（法律第71号）が制定された。〔佐藤内閣〕

●基本計画決まる（昭和47年9月）

「全国新幹線鉄道整備法」に基づく路線の基本計画で、東北（盛岡—青森）、北陸（高崎—大阪）、北海道（青森—札幌）、九州・鹿児島ルート（福岡—鹿児島）、（福岡—長崎）の五線。〔田中内閣〕

●日本列島改造論（昭和47年6月11日）

基本計画決定三カ月前、田中角栄・当時通産相が自民党総裁選挙に立候補するにあたって、世に問うた国土計画で、内政政策の集大成。

改造への具体的手段の一つが、高速交通ネットワークの形成で、日本列島をすべて東京から一日圏にする。そのため新幹線と高速自動車道を張りめぐらすとした。

この構想は、新しい視点に立つ国土計画であり、過密と過疎を同時に解決しようとするスケールの大きさ。当初「決断と実行」の政治を目標とする、田中首相への国民の期待は大きかった。

しかし、事前に適正な土地政策がとられなかったため、地価が全国的に急騰して、世論の厳しい批判を受け、議論の段階で自然消滅した。

●計画は二転、三転を繰り返す

整備新幹線は、その後、財源の見通しがつかず、たとえ開業しても赤字必至のため、計画は一時凍結。そして、凍結解除。さらに、新規着工の方向転換と難航をきわめた。

○国鉄再建の緊急対策として凍結（昭和58年9月）

臨調答申をうけ、行革大綱を閣議決定。国鉄再建の緊急対策として、整備新幹線は凍結

〔中曽根内閣〕

○凍結見直しを閣議決定（昭和62年1月）なお、同年4月に、国鉄の分割・民営化。

〔中曽根内閣〕

○東北、北陸、九州・鹿児島の建設を決定、一部着工（昭和63年～平成2年）

〔竹下内閣〕

○当面は着工区間の建設を優先し、新規着工は、平成九年以降検討と、事実上凍結（平成6年2月）

〔細川内閣〕

○自民党が政権に復帰、「凍結」を解除。平成八年度中に新規着工を決める、と方向転換（平成6年12月）

〔村山内閣〕

●平成九年一月末現在の情勢

整備新幹線問題で、政府・与党は、平成八年十二月二十五日、与党がまとめた整備計画案を、あらためて協議することで合意した。

この結果、東北新幹線八戸—新青森など、未着工だった四線七区間（総延長約一千五

十キロ）の建設が、建設中の三線五区間とともに、平成九年度から順次着工することとなった。

・建設中は、東北＝盛岡―八戸間。北陸＝高崎―長野間。九州＝鹿児島ルート。

・未着工の四線（与党案）

①東北新幹線八戸―青森、北陸新幹線長野―上越間をフル規格で平成九年度着工する②北海道新幹線青森―新函館間と九州新幹線長崎ルート武雄温泉―長崎間などでトンネル工事などを実施する③北陸新幹線の富山、小松、福井駅を整備する。

なお、整備新幹線の新規着工区間の建設の優先順位を決める、政府・与党の検討委員会の組織や発足時期は、平成九年三月下旬になる、としている。

〔橋本内閣〕

秋田駅に初お目見えの秋田新幹線車両
（平成８年10月23日・秋田駅ホーム）

秋田新幹線

新幹線化実現への動き活発

隣県山形へのミニ新幹線建設が確実になったのは、昭和六十二年夏の時点であった。

秋田県側にとっては、少なからずショックをかくしきれなかった。新幹線化実現に、先を越されたという実感が、県民の胸に重く食いこんだ。

同プロジェクトは、在来線活性化事業として、山形と〃共闘〃する体制で、運輸省などに水面下で働きかけていただけに、山形に抜け駆けされたという思いを味わったのである。

しかし、山形の場合、既に地元出身の強力な〃運輸族〃を中心に、政治力を結集。県民の熱意を背景に、素早い対応で本県をはるかにリードしていた。

実はミニ新幹線方式については、国鉄の部内機関でも、昭和六十二年以前から田沢湖線、奥羽本線福島―山形、仙山線などを候補に、検討していたのであり、山形先行についてはひそかに情報をつかむことも可能であった。

六十二年四月十四日、三選を果たした佐々木喜久治県知事は初登庁後、県職員を前に、立ち遅れている社会経済基盤の整備を進めるため、その目玉となる事業として、田沢湖線のミニ新幹線をはじめ、高規格幹線道路建設、八幡平・阿仁・田沢湖地域での大規模リゾート整備の三プロジェクトを挙げた。

秋田県が、田沢湖線の高速化を検討しはじめたのは、五十九年にさかのぼる。この時期、県は東北新幹線開業後、首都圏への連絡ルートとして、田沢湖線のウエートがとみに高まったことを受け、東北経済連合会と共同で、同線の高速化の方策について、日本鉄道施設協会に調査を委託した。

調査結果は六十年にまとまったが、県はその報告を基に、国鉄などと非公式の協議を重ねていたし、機会あるごとに、関係個所にアプローチを続けた。

六十二年六月十一日、ＪＲ東日本の山之内秀一郎副社長が就任あいさつに県庁を訪れた際も、ＪＲ田沢湖線のミニ新幹線化について県幹部が会談、構想具体化に向け協力し合うことを確認した。

その直後、十九日には、県主導による「秋田・盛岡間在来線高速化推進委員会」を発足させた。

メンバーは学識経験者、秋田県、岩手県、ＪＲ東日本東北地域本社。調査目的は田沢湖線の新在直通運転計画の技術的検討、需要予測の検討であり、事業費の算出及び需要予測等は、ＪＲは直接関与することなく、技術的アドバイスにとどまった。

期成同盟会が発足、運動に拍車

六十二年七月十三日、秋田市内のホテルで開かれた「県高速交通体系整備促進協議会」（五十七年発足。県、県議会、各市町村と同議会のほか、農林水産、商工、建設、運輸、観光などの十二団体で構成）の総会席上、高田景次秋田市長から緊急動議が提出され、同協議会メンバー構成で、田沢湖線のミニ新幹線化を推進する「秋田・盛岡間在来線高速化早期実現期成同盟会」（会長・佐々木知事）が発足した。

前者の協議会からバトンを受けた期成同盟会は、いよいよ運動を強力に展開することとなる。

翌年一月二十三日、大臣就任間もない石原慎太

秋田市文化会館で開かれた総決起大会の看板＝平成２年10月29日

郎運輸相が秋田入り。記者会見で、ミニ新幹線化について「地元の要望に応えるよう積極的に対応したい。なお、福島—山形間と並行して実施する可能性がある……」と、福島—山形間新幹線化完成前に、秋田—盛岡間の着工を示唆した。

一方、この年、運輸省が調査主体となる「在来線鉄道の活性化に関する調査委員会」も設置された。メンバーは学識経験者、運輸省、秋田県、鉄道公団、JR総研、JR東日本など。調査目的は新幹線と在来線との直通運転及び在来線の活性化のための施策の具体化を図る、というもので、ケーススタディの一つとして田沢湖線を取り上げた。

諸般の情勢は、徐々ではあるが、実のある動向に、県民は安堵《あんど》の胸をなでおろしながら、その行方を見守った。

東京・秋田で総決起大会

昭和が終りを告げ、世は平成時代となる。

新幹線化早期実現を目指し、県民運動が盛り上がってくる。

元年七月二十七日、東京・半蔵門の東条会館で、県内全市町村長や議会代表、商工団体のほか、在京の出身者ら合わせて三百五十人が参加、秋田・盛岡間ミニ新幹線早期実現中央大会が開かれた。

県民の悲願、早期実現を期す大会決議後、知事、市町村長らが運輸省、JR東日本を訪れて陳情した。

翌年夏、八月二十四日には、うれしいニュースが舞い込んだ。

秋田—盛岡間のJR田沢湖線と奥羽本線のミニ新幹線化構想の事業費が、平成三年度予算編成に向けた運輸省の概算要求に組み入れられることになり、実現へ大きな前進をみせたのである。

これに、呼応するように、JR東日本は九月十四日、新幹線化の技術的問題に対応する「田沢湖線新在直通運転技術検討チーム」を設置した。

かように、実現に向けての動きが活発化する中で、初めて大規模な大会が開かれる。

十月二十九日、秋田市主催による「早期実現市民総決起大会」が、秋田市文化会館大ホールに約千人の市民を集めて開かれ、ミニ新幹線の実現で、産業・経済・文化の発展等、地域の活性化を図ろう、のスローガンのもと、二十一世紀への飛躍を目指し、三十万市民の熱意でミニ新幹線の早期実現を決議した。

政府予算案、着工にゴーサイン

平成三年度政府予算案編成作業の大詰め段階の十二月二十八日、県の最重点要望事業となっていた、JR線の秋田・盛岡間のミニ新幹線化の事業化について、大臣折衝の結果、運輸省が財源ねん出の手段として求めていた鉄道整備基金（仮称）からの無利子貸付制度の復活が認められ、いよいよ着工の目処《めど》が立った。

年が明けて一月十四日、県選出の村岡兼造運輸相が秋田で記者会見、次のように語る。

「整備新幹線の財源が決まったことで、田沢湖線のミニ新幹線化は大幅に前進したと思っている。まだ、JRといろいろな問題について調整しなければならないが、調整が終わると来年度からでも着工できよう……」と。

同時期、県議会（高速交通体系整備促進特別委員会）は、新幹線事業費の負担割合について、国、JR東日本、地元（秋田・岩手両県）が合意した最終案を報告した。

焦点となっていた地元負担は二百三十七億七千五百万円で、このうち約一割に当る二十四億五千万円を岩手県が負担、本県の負担額は二百十三億二千五百万円とする。

なお、本県負担分のうち百十五億二千五百万円は、本県が中心となって設立する、ミニ新幹線車両保有のための第三セクターに出資する方法がとられるというもの。

同年一月二十八日、JR東日本は、秋田・盛岡間ミニ新幹線化を運輸省に事業申請。同三十日に運輸省が認可した。

待ちこがれていた新幹線化着工式は、三月十三日、JR秋田駅前で行われ、関係者が力強くくわ入れをした。

着工式には六十人、祝賀会（会場・秋田ターミナルホテル）には二百五十人が出席した。

主な出席者は佐藤敬夫運輸政務次官（秋田一区選出・平成三年十一月政務次官就任）、山之内秀一郎JR東日本副社長、岡田宏鉄建公団総裁、福田稔鉄道整備基金理事長、諏訪茂岩手県副知事、菊池正司同県議会議長ら。本県からは佐々木知事、北林県議会議長はじめ、県議会、市町村、経済界などの関係者であった。

「新在直通運転計画」の概要

JR部内での、新幹線化事業の正式呼称は「秋田・盛岡間新在直通運転計画」である。

同プロジェクトの目的は、新幹線・在来線の乗り換え不便を解消し、さらに在来線を高速化することにより到達時間を短縮するとともに、JRの高速ネットワークの充実、在来線の活性化及び沿線の地域開発・振興を図るもの。

平成四年一月二十日、JR東日本は正式に同計画をまとめ発表した。

その概要は、在来線の田沢湖・奥羽本線盛岡—秋田間（一二七㌔）を標準軌にして高速化、新幹線との直通化を図ろうとするもので、平成三年度末にも着工し、平成八年度末の開業を予定。

完成すれば東京—秋田間の所要時間が現在よりも三十分以上短縮され、四時間程度で直結される。平成四年七月開業の山形新幹線に次ぐ「新在直通」となるもので、これにより東北六県すべての県庁所在地に、新幹線が直通することとなる。

盛岡—秋田間のうち、田沢湖線の盛岡—大曲間は標準軌単線、奥羽本線の大曲—秋田間は狭軌、標準軌の単線並列とし、単線の刈和野—峰吉川間は線増（複線化）、さらに神宮寺—峰吉川間を三線軌にする。

車両は山形新幹線の400系タイプ五両編成を充当、標準軌在来線の最高速度は百十㌔から百三十㌔に引き上げる。田沢湖線内の普通列車は標準軌の電車に置き換える。

　施設工事費は五百九十億円で、うち四百九十億円（国、地元＝秋田、岩手県＝五〇％ずつ）が鉄道整備基金の無利子貸し付けとなる。残る百八億円は、建設主体となる鉄道公団が調達し、完成後ＪＲ東日本に譲渡。実費負担額は、ＪＲ東日本と地元が各二百三十八億円、国百二十三億円となる。老朽取り換え工事や車両新造などを含めて、総事業費は九百六十六億円。

軌道工事に〃新鋭機〃導入

新幹線化は、着工から開業まで数カ年を要する。軌道工事、踏切改良、車両製作、駅舎改築、車両基地建設等、幾多のステップが控えている。

　開業時期を目途に、各分野で着々と、しかも的確にすべてを進ちょくさせなければならない。関係者の苦労は推して知るべしである。

　その中でも、軌道工事は、通常の営業運転を続けながら、または、田沢湖線のように一年間運転休止させ、バス代行輸送で対処するなどの措置を講じて施工するのである。工事の第一ステップは、刈和野—峰吉川の複線化工事を皮切りに、平成四年十二月着手した。

　工事省力化の切り札となる、米国製大型連続軌道更新機（愛称名・ビックワンダー）が、平成六年三月四日、神岡町のＪＲ神宮寺基地に到着、威力を発揮することとなる。

　同更新機は、ワーキングカー、ハンドリングカー、パワーカー、ガントリークレーン、まくら木運搬台車からなり、一編成の総延長は約百《メートル》。ＪＲ東日本東北工事事務所が、米国のメーカーに発注、国内では初めて導入された。

　工期的にみて、軌道を狭軌（一、〇六七《ミリ》）から標準軌（一、四三五《ミリ》）に代える作業を短期間に処理ができ、旧まくら木の撤去と、新まくら木の敷設が同時に作業ができる性能。

　山形新幹線工事の人力では、一組二十人で一日百《メートル》が限度であったが、ビックワンダーでは、一日五百《メートル》の施工が可能となった。

米国製大型連続軌道更新機による軌道工事
（平成８年７月・田沢湖線刺巻・神代間）

同年七月から、第二ステップ工事の神宮寺—峰吉川間の下り線の改軌工事。七年度には秋田—大曲間の上り線。工事最終年度の八年度には、田沢湖線大曲—盛岡間の全線改軌工事を担当した。また、同年十一月には、工事省力化のために導入したレール溶接車が稼働した。

同溶接車は、発電車と溶接車の二両からなり、車輪のほかにタイヤも備え、道路も線路も走行できる機能でオーストリア製。

新幹線の線路は、走行中の振動を少なくするため、通常のレール（二十五《メートル》）をつなぎ合わせたロングレール（一百《メートル》以上）を敷設するが、線路上でレールを溶接する場合、これまで人力では一日当たり百七十五《メートル》までしか処理できなかったが、同溶接車では六百二十五《メートル》の処理能力がある。

軌道工事のほかに、秋田、大曲駅構内の改良と、車両基地（南秋田運転所）に新幹線車両の修繕施設と留置線の建設を進めた。

新幹線乗り入れに伴う秋田、大曲両駅の構内改修は、軌道の撤去や新設、電気設備の改修が中心。

秋田駅では、現行の七、八番ホームの南半分を新幹線ホームに改造、大曲駅ではホームを一面二線増設する。

平成七年四月十九日、ＪＲ東日本は平成九年春の開業をめざしている、秋田―盛岡間（一二七・三キロ）の新幹線名を『秋田新幹線』とすることを決めた。

工事の最終段階だった盛岡駅へのアプローチがほぼ完成。平成八年十二月十三日、盛岡市中屋敷町の盛岡アプローチ高架上で、レール締結式が行われ、秋田新幹線と東北新幹線がつながり、文字どおり直通ラインとなった。ついに、夢のレールが結ばれ、関係者は手を取り合って喜んだ。

踏切改良で安全はかる

平成四年七月一日開業した山形新幹線で、二週間の間に踏切のトラブルが三件発生、あわや、の

踏切の地下道新設工事
（平成８年11月・神宮寺駅南部）

場面が起こった。

山形の「二の舞い」はご免とばかり、そのてつを踏まないよう、秋田新幹線の踏切安全対策は、重要課題となった。

県、JR秋田支社、県警などで構成する踏切対策協議会では、踏切の統廃合や立体交差などの施策を立てるため、幾度か会合を重ねた。

新幹線化で、本県にかかわる踏切対象は、秋田―盛岡間九十九カ所のうち、七十三カ所（県道四カ所、市町村道六十九カ所）である。

県が行う踏切安全対策は、調査、協議を経て、七十三カ所のうち、二十四カ所（歩行者専用を含む）の立体交差と九カ所の廃止を決めた。

立体交差する二十四カ所の内訳は、路線別では奥羽線が十カ所、田沢湖線が十四カ所。また、交差の方式別では、地下道方式が十八カ所（奥羽、田沢湖線ともに九カ所）、こ線橋方式が六カ所（奥羽一カ所、田沢湖線五カ所）となった。

踏切改良のほかに、踏切として残る個所について、JR側では事故防止設備を充実させると共に、ドライバーや歩行者への安全意識を高めるPRを徹底して、安全対策に万全を期している。開業間近にした「踏切事故0《ゼロ》運動」も、その一環である。

秋田・大曲・田沢湖駅舎全面改築

先輩格の山形新幹線の場合は、すべての面で素早い対応と、適切な施策が目立った。

駅舎や駅周辺整備について、行政、民間、JRの取り組み方が、大いに参考となる点が多く、停車駅全駅が全面改築であった。とはいえ、開業に間に合ったのは、かみのやま温泉駅だけであったが……。

これらを他山の石として、秋田新幹線に生かそうと、関係者がその杞憂《きゆう》を払拭《ふつしよく》すべく、工事費負担等の早期取りまとめに、心を砕いたことは結構なことであった。

秋田駅関連事業は、橋上駅舎、駅東西を結ぶ自由通路、駅ビル改築の、いわゆる三点セットである。

橋上駅のメリットは、駅の表と裏とを通路で結ぶことにより、二分化されていた都市を一体化させ、街の活性化を図ることにある。

同構想のデザイン、事業費などは平成七年七月中旬明確となった。

通路と駅舎の統一モチーフは、日本海の波のうねりや秋田の山並み、街を渡る風をイメージした柔らかな曲線の屋根。

通路階段部は、屋根に対応し曲線を生かしたデザインとし、駅前広場を眺めながら昇降できる形状となっている。

ステーションデパートなどが入居する自由通路北側の新駅ビルは、秋田杉をイメージした列柱を配し、秋田にふさわしい外観。

自由通路は鉄骨造りで幅十二《メートル》、延長百八十六《メートル》で、エレベーター二基、エスカレーター三基と、通路内の段差部分に「動く歩道」を設置。橋上駅舎には、ホームにつながるエレベーター四基、エスカレーター五基を設け、人にやさしい駅舎とな

旧秋田駅の解体作業（平成８年２月）

る。

ＪＲ秋田駅とステーションデパートは、平成八年一月二十二日から、西口に建設された仮駅舎と、南北二棟の仮店舗で営業を始めた。

大曲駅も全面改築。旧駅舎は、同年八月四日解体され、九年八月の完成を目指し、建築中である。設計は、山形県赤湯駅を手がけた鈴木エドワード氏。

外観デザインは、「音・光・水」をテーマとし、前面に約二百本のステンレスパイプをスクリーン状に配列したモダンさ。

パイプが「音楽」を、縦のラインが「水」を、太陽光と夜間の照明を柔らかに反射する全体のウエーブが「光」を表す。

駅舎は鉄骨造り二階建て。駅東側と結ぶ自由通路の西側二階部分に、インフォメーションホール。ここには、地域の特産物、観光、イベント情報を提供する案内機能を設け、ソファーでゆったりすごせる。

一階には、市民の持ち合わせや、休憩スペースとしてのふれあい広場があり、四季折々の各種イベントに利用される。

田沢湖駅の新駅舎は、平成八年夏着工、新幹線開業時に新装オープンする。

特徴は、「町から新幹線が見える」「新幹線から町が、駅の内部が透けて見える」という、外観にまでガラスを多用したシースルー・ステーション。

一階には駅事務室、観光案内所、物産展示室、町のイメージ館の施設。二階は観光シネラマ館、森と水のテーマ館と、一階同様交流ホールも設ける。

駅前広場側は吹きぬけのオープンスペース。柱と日差しが描く光と影の交差が、森や木立を思わせる。

角館駅の場合は、建築（昭和五十一年）経年が浅いので、現在の駅舎に物産展示施設、バス待合室などを備えた施設に改装する。

駅前広場は七千平方《メー》《トル》に拡張。バスターミナルの新設、タクシープールや一般駐車場などを備えたロータリー、旧農協倉庫をリフォームした観光案内所、駐輪場の設備などで駅前が大きく変わった。

旧秋田駅舎にさようなら

秋田駅の旧駅舎は昭和三十六年九月二日、秋田国体の開催に合わせ「秋田駅民衆駅」として開業。以来三十五年間にわたり、県都玄関口として親しまれ、利用されたので、ことさら愛着が強かった。

解体直前、平成七年十二月八日には、〈思い出の駅にお礼を――〉と、会社員や学生で組織する秋田混成合唱団（若狭祥子代表）の四十四人が「さよなら秋田駅クリスマス・コンサート」を開いた。同駅で音楽コンサートが開かれるのは初めて。

会場となった待合室では午後九時から、クリス

「さよなら 秋田駅」セレモニー
（ＪＲ－ＲＭＣ楽団の演奏・平成７年12月22日）

マスソングや聖歌が歌われたあと、最後は合唱団と聴衆が一緒になって「秋田県民歌」を高々と合唱、感動が場内を渦巻いた。

秋田駅は仮駅舎に引っ越し。旧駅舎の取り壊しの前日二十二日には、ＪＲ主催の「さよなら秋田駅」記念イベントを〝から〟になった待合室で行った。

松田茂治駅長のメッセージ後、ＪＲ秋田支社の「ＲＭＣ」楽団による演奏会、同支社社員らの「港ばやし」、秋田東幼稚園児百二十人によるもちつき大会などが興を添えた。

会場には、解体を惜しむ多くの市民や鉄道ファンが集まり、予期しない飛び入りのおばさんたちによる「北国の春」や「知床慕情」などの熱唱も。〈三十五年間ありがとう〉と、駅への別れに、思わず胸が熱くなり、涙ぐんでいる姿が散見された。

旧駅舎の撤去作業は、平成八年三月下旬で終え、四月から新駅舎建設が本格化した。

秋田新幹線愛称は『こまち』

ＪＲ東日本は平成八年五月、秋田新幹線列車の愛称を募集。本県に初めて直通する新幹線であることが分かりやすく、またスピード感のある名前を一般に求めた。

締め切りの六月十九日まで、一カ月にわたる応募総数は六万三千七十五通。このうち本県からが最も多く全体の二割近かった。

寄せられたアイディアは実に七千九百四十八種類。最終段階で「こまち」「あきた」「みのり」の三点に絞った。

結局、三千八百三十二通だった『こまち』が採用された。

応募ベストテンは「こまち」のほか「おばこ」「たざわ」「あきた」「たざわこ」「男鹿」「みのり」「みちのく」「やまどり」「はやて」。

発表後、いつでも取り沙汰される賛否両論で、新聞読者欄等をにぎわしたが、ＪＲ側は「秋田のイメージに合い、利用者や地域住民に親しみを持ってもらえる名前」と強調。

要は、決定時点から、首都圏はじめ一般に広く認知していただくよう、懸命にPRすることである。

JR秋田支社は、すばやく、主要駅に横断幕を掲げたほか、ポスター等で宣伝を展開した。

秋田の未来開く「流線型」車両

秋田新幹線の試作車（量産先行車両）デザインは、平成五年十二月二十八日に早ばやと発表された。

試作車は、山形新幹線の400系車両を基に最新の技術を導入。二十一世紀の秋田と、その自然と歴史をイメージしたという。モダンで未来的な流線型の車両。車体の色は白とグリーンを基調にしているが、JR東日本では、今後、試作車を基本に外観や色調、内装などについては、県民の声を反映させたい、としていた。

平成七年一月には、車両模型が公開されたが、車体側面は上半分が少しクリーム色がかった白、下半分がグレー、その間に明るいピンク色が帯状に入っている。

先にデビューした山形新幹線の車両は、金属系のシルバーを強調していて、少し暗い感じがするので、明るい色とかねてから県側が要望したこともあり、全体に明るく、温かみのある色合いとなった。

同年四月六日、試作車五両が宮城県利府町JR仙台総合車両所で、報道関係者に公開された。

続いて五月十二日には、県とJR東日本が出資する「秋田新幹線車両保有会社」が設立され、営業車両の発注が具体化される。

翌年四月十九日、新型車両の初の試乗会が、東北新幹線の仙台―盛岡間であり、最高時速二百八十キロ走行を披露。以後試験を繰り返し、改善してゆくこととなる。

新幹線車両―その容姿を初めて秋田に見せたのは十月二十三日。東北本線経由、青森から奥羽本線で電気機関車にけん引され秋田駅ホームに到着。

秋田南運転所に搬入、台車交換してから試運転に備えた。

秋田新幹線「こまち」の奥羽線、田沢湖線区間の試験運転は、十一月三十日から始まった。JR秋田支社は、踏切通行などの注意を喚起させ、安全運転を呼びかけた。

十二月一日には「こまち」を秋田駅ホームで一般公開する。

この日、朝から家族連れらが、ひと目見ようと、五千五百六十八人が訪れ、長い行列をつくって参観した。

見学者は、子供らと先頭車で記念撮影したり、直接車両に触れ合ったりして、新幹線の感触を満喫の様子。早くも人気のほどがうかがわれた。

「こまち」は一編成五両（グリーン車一両、普通車四両）で、座席数は二百七十席。ゆったりした座席配置で、通路をはさみ二席ずつ。

グリーン車と指定席は黒色を基調にシックな雰囲気に統一され、座席には稲穂を、日よけ用のカーテンには竿燈をイメージして、秋田色を採り入れている。

また、グリーン車は分煙システムを取り入れ、禁煙席にたばこの煙が流れないよう工夫。トイレも真空式にして臭気対策にも配慮した「人に優しい」車両である。

開業一か月前、平成九年二月二十三日には、百五十人を招待して一般試乗会を実施、秋田―大曲間往復運転。いよいよ、秒読み段階に入った。

秋田―東京間最速3時間49分

秋田新駅ビルの開業は三月十六日。

新幹線の開業は、三月二十二日とJR秋田支社が、平成八年十二月六日発表した。

ダイヤは、毎日十四往復（一往復は秋田―仙台間）運転。東京まで最速三時間四十九分で結ばれ、特急「たざわ」の最速のケースより四十八分短縮。平均では秋田―東京間が四時間二十一分、「たざわ」より五十七分の短縮。十四往復のうち、二往復が田沢湖、角館駅に停車せず通過する。

試運転中の秋田新幹線車両
（初日の平成８年11月30日・神宮寺駅通過）

料金は、秋田―東京間、指定席利用で大人片道一万六千四百八十円。秋田周辺と東京都区内の往復割り引き切符を二万七千六百円で発売（多客期を除く）する。また、県内各地からの企画乗車券を設定した。

ＪＲ東日本の〈新しい旅〉企画

新幹線効果を高めるために、ＪＲ東日本をはじめとし、県、観光団体などで、あらゆる施策を講じ、秋田への誘客をはかろうと努力しているが、ＪＲの企画のいくつかを紹介したい。

新幹線建設の胎動期、ＪＲ東日本のリゾート開発計画は大規模であったが、諸般の情勢変化により、その構想を大幅に縮小せざるを得なかった。

そこで、田沢湖畔にハーブ園を核とする勧業事業を展開する計画を進めている。

一方、沿線活性化事業の一環として、長期滞在型の新リゾート施設を各地に建設し、旅行需要を先取りした〈新しい旅〉を提唱。田沢湖畔に「ファ

「平成９年３月22日」
秋田新幹線開業のポスター

ミリーオ田沢湖」、角館駅前には「フォルクローレ角館」のホテルを建てる。

また、白神山地の出入り口となる、五能線沿線の八森町に新駅を設け、五能線に眺望列車「リゾートしらかみ」を、平成九年四月一日から運行開始する。

つまり、新幹線開業をバネに、首都圏方面からの観光客誘致に力を入れる方針で、現在諸企画を練っているときく。

秋田の鉄道発達小史

奥羽路を駆けた列車群の軌跡

奥羽路に鉄路を敷設しようとする運動に、本県が参画したのは明治二十二年（一八八九）三月のこと。

同二十五日、鉄道敷設法公布により、第一期線として奥羽線建設が具体化。鉄道庁の技師が秋田を訪れ、鉄道線路の実測に着手した。

翌二十六年七月、奥羽北線青森側から起工し、同二十七年二月には南線、福島側から着工した。

それから平成九年が百三年目。間もなく新幹線が走行する。

この時期に、秋田の鉄道発達史を顧みる意義は、きわめて大きい。

ここでは、明治、大正、昭和、平成四代にわたって、奥羽路を駆けた列車の推移を、おおまかに追ってみたい。

建設運動から十六年、明治三十八年九月十四日、湯沢—横手間を最後に奥羽線が全通した。祝賀行事は盛大に開かれた。

そして、同四十年五月十八日に奥羽本線上野—青森間に直通列車が運転される。この時期は、秋田の鉄道〝あけぼの時代〟であり、歴史上大別して、第一期といえる。

開通当時、客車列車をけん引した蒸気機関車は、Ｂ６と称するタンク型、顔の広い古典的ロコタイプの２１２０形式。イギリスと日本の神戸工場で生産された。

蒸気機関車全盛時代つづく

大正時代は第二期。

羽越線全通は、大正十三年七月三十一日。その前後に、船川線（現男鹿）、花輪線、小坂鉄道、横荘鉄道、横黒線（現北上）、生保内線（現田沢湖）、矢島線（現由利高原）、五能線などが次々と部分開通。ローカル線を含めた鉄道網整備時代であった。

羽越線全通時の機関車は、旅客用が８６２０形式（ハチロク）、貨物用は９６００形式が主流で、秋田地方鉄道の主役であった。

なお、８６２０形式は、当時ＳＬの花形的存在、五能線では最後まで活躍した。

また、支線では、Ｃ11形式の改良小型機関車のＣ12形式が昭和三十六年まで混合（旅客・貨物）列車を引いていた。

明治38年９月15日秋田駅前での奥羽線全通祝賀行事

明治・大正・昭和中期までは蒸気機関車が活躍（昭和45年ころの秋田駅構内）

県内に急行列車がお目見えしたのは、大正十五年八月十五日。奥羽本線秋田―上野間であり、昭和九年十二月一日には、同線経由青森―上野間（７０１・７０２列車）直通急行が走り、三等寝台車が連結された。

以後、戦中・戦後を経て優等列車が増発され、木造客車から鋼体へと変化していく。

蒸気機関車の引退は、動力の近代化が進展するにしたがい余儀なくされ、秋田地方でのＳＬ運転最後は、昭和四十九年三月二十五日、阿仁合線けん引のＣ１１３７２号機であった。

奥羽線開通以来、実に七十年間にわたって〝汽車〟が走り続けたのである。

ＳＬに変わってディーゼルカーが登場、準急列車が続発。やがて、ディーゼル機関車に切り替えられ、国鉄は「輸送力増強時代」となる。

昭和初期から、この時期を第三期と見なしてよかろう。

秋田国体時に特急デビュー

昭和三十六年十一月一日の国鉄白紙ダイヤ改正時、秋田県内に初めて気動車特急「つばさ」「白鳥」が誕生。秋田国体参加の選手役員輸送にその威力を発揮した。

新設特急は、奥羽線秋田—上野間「つばさ」一往復（食堂車一両二等車一両を含む六両編成）、羽越線経由青森—大阪間「白鳥」（編成は「つばさ」と同じ）。急行客車列車秋田—上野間「男鹿」などのほか、列車の定期化や愛称名が大幅に改正された。

この時、全国的にも鉄道ファンにとって嬉しいダイヤの出現で、話題をさらった。

高速交通に立ち遅れていた秋田に、二特急デビューという画期的な輸送形態とともに、さきにも書いたが全国でも珍しい、同一ホームから特急を同時発車させる、国鉄ダイヤ製作陣のイキな計らいに、カメラをぶら下げた鉄道マニアが、秋田駅上り場内信号機付近に、どっとむらがった情景が、今でもはっきりと思い出される。

この特急第一号の「つばさ」が、奇遇にも「ま

昭和36年10月にデビューの特急「つばさ」「白鳥」・秋田駅同時発車（秋田駅北部信号機付近・右「つばさ」）

気動車列車（昭和24年当時の船川線）

電気機関車がけん引する客車列車

田沢湖線走行する特急「たざわ」

ごころ国体」（秋田）から三十年で、平成四年七月一日開業の山形新幹線＝「べにばな国体」（山形）に、愛称を献上することとなる経緯は前述した。「つばさ」は、クリーム地色に朱色を配したコートをいさぎよく脱ぎ捨て、銀色の衣装をまとい、通い慣れた奥羽の旅路を飛翔《ひしょう》したのである。

昭和四十五年七月一日には、初の寝台特急「あけぼの」が運転開始。秋田にもようやく高速交通の〃序曲〃が奏でられた。

新幹線のアクセス「たざわ」に別れ

愛称「たざわ」の名には、履歴カードに記す事項が、まことににぎやか。

まず最初は、準急列車の先頭を切り、昭和三十四年十二月十一日、秋田―仙台―米沢間に気動車準急として運行された。

仙台行きと米沢行きの二編成が併結され、新庄駅で泣き別れ〈国鉄部内用語〉、一編成は陸羽東線を経て仙台へと延びていたので、ビジネス客にはすこぶる好評だった。

四十年十月一日には一躍抜てき。奥羽本線秋田―上野間の急行「たざわ」となる。さらに三年後には、急行「おが」にその座を譲ることとなるが、四十七年三月十五日、秋田―宮古間の急行「たざわ」として、三代目のバトンを受ける。

そして、五十七年十一月十五日、田沢湖線電化開業に伴い、電車特急「たざわ」に昇格。ＪＲ秋田のドル箱列車となった。まさに栄光の頂点に立ち、世襲の寵児《ちょうじ》となった。

東北新幹線のアクセス列車として、県民に親しまれてきた特急「たざわ」は、昭和五十七年から平成八年三月二十九日まで、千八百万人を超える乗客を運んだ。

新幹線の工事に伴い、ＪＲ田沢湖線は三月三十日から全面運休。特急「たざわ」は、その役割を終え、別れを告げる。

最後の日、午後七時三十九分発「たざわ28号」のお別れセレモニーが、秋田駅で行われ、大勢の鉄道愛好者や関係者に見送られ、ホームを後にした。

翌日からは、バス代行にバトンタッチ。秋田―北上間のリレー号が、新幹線連絡列車となった。なお、JR秋田支社では、三月二十五日から五日間、ラストチャンス「たざわ」メモリアルツアーを実施、その労をねぎらった。

車両近代化でスピードアップ

旅をするため、交通機関を選択する場合、私たちは、まずどんなことを考慮するだろうか。

費用、所要時間、利便性、あるいは安全度、乗り心地、サービス面などである。旅行日程でも異なるが、これらの要素の中で、所要時間（スピード）と費用がポイントとなろう。

鉄道の発達を端的に表現すれば、列車速度の変遷である。

スピードアップは鉄道の魅力を高め、利用者を呼び寄せる効能をもっている。

いつの時代も、スピードへの挑戦は、内外を問わず熾烈《しれつ》をきわめ、競い合う。

列車の速度向上には、それなりに時間をかけ研究を重ね、多額の投資が必要。線路の改良、機関車や車両に関する技術の進歩発達等、あらゆる設備の改善によって可能である。

秋田地方における鉄道の発達も、これらのハードルを超えて成し得たのだ。

車両の近代化の推移を見ても、充分理解できよう。

明治、大正、昭和の前半は、客車や貨車をけん引するのは蒸気機関車。いわゆる〝汽車ポッポ〟時代が長く続いた。

昭和三十年代に入り、ディーゼルカーの導入で、機動性（車両内臓エンジン）に富み、車両の解結が容易。特にローカル線では、その特長を発揮。一時は準急列車が増発され、輸送力を増やすことができた。

気動車急行・特急の登場で、さらに旅が便利となる。

蒸気機関車に代わり、ディーゼル機関車が客車をけん引する。

昭和四十六年十月、奥羽北線秋田—青森間。翌四十七年十月には、羽越本線秋田—新津間。同五十年十一月、奥羽南線秋田—羽前千歳間が、それぞれ電化開業した。

県内の主要幹線はすべて電化したことにより、電気機関車が配置され、益々快適さが増し、さらに電車が走ることとなる。

平成五年十二月一日のダイヤ改正時には、待望の新型電車（701系）が投入され、スピードがさらに向上。幹線には快速列車「しらかみ」「こよし」「いわき」「かまくら」の四系統が疾走している。

最高速度は、車両の性能、軌道、架線の構造、あるいはブレーキ距離などの因子で決まるが、これらの問題点を技術的に克服しなければならない。

すなわち、最高速度向上の歴史は、常にその時代の機械、電気、土木などの総合的な鉄道技術を反映するバロメーターであった。

秋田—東京間到達時分の推移

奥羽線全通は明治三十八年（一九〇五）九月。当時は秋田から上野までの直通列車がなかった。もちろん各駅停車の鈍行列車である。

明治三十八年十二月三日発行＝秋田市茶町扇ノ丁三番地・長倉清研堂印刷＝の「汽車賃金時刻表」によると、上野から秋田までは、途中福島駅で乗り継ぎが必要であった。

上野発が午後七時四十五分、福島（翌朝五時五十分頃）を経て、秋田着は午後六時三十分。二十二時間四十分を要した。

丸一昼夜近く、固い背板の木造客車に身をあずけ、ガタンゴトンと揺られ、ＳＬの煤煙《ばいえん》を浴び、黒ずんだ顔で、ふるさと秋田へと旅を続けたのである。

大正十五年八月十五日、奥羽本線秋田—上野間に急行列車が運転され、秋田—上野間十四時間五十分で結ぶ。

昭和年代に入り、列車速度向上で、ダイヤ改正ごとに到着時分が短縮。六年九月一日には清水トンネル完成、上越線全通により、急行列車で二時間、夜行列車で一時間四十分も早くなった。

　三十六年十月、気動車特急「つばさ」登場で、八時間三十分。四十七年十月には特急「いなほ」が電車化。上越経由で七時間二十七分となる。

　五十七年六月二十三日、東北新幹線大宮開業。田沢湖線連絡で、六時間九分と大幅に短縮。六十年三月上野駅乗り入れ、平成三年六月東京開業で、秋田—東京間四時間三十七分となる。

　そして、平成九年三月二十二日には、県民宿願の秋田新幹線が走るのである。

　次の表は、秋田—上野間（一部秋田—東京間）の列車到達時分の変遷である。

平成５年12月から運行された新型電車701系

（表）　秋田ー上野間・旧国鉄〜ＪＲ列車到達時分の変遷

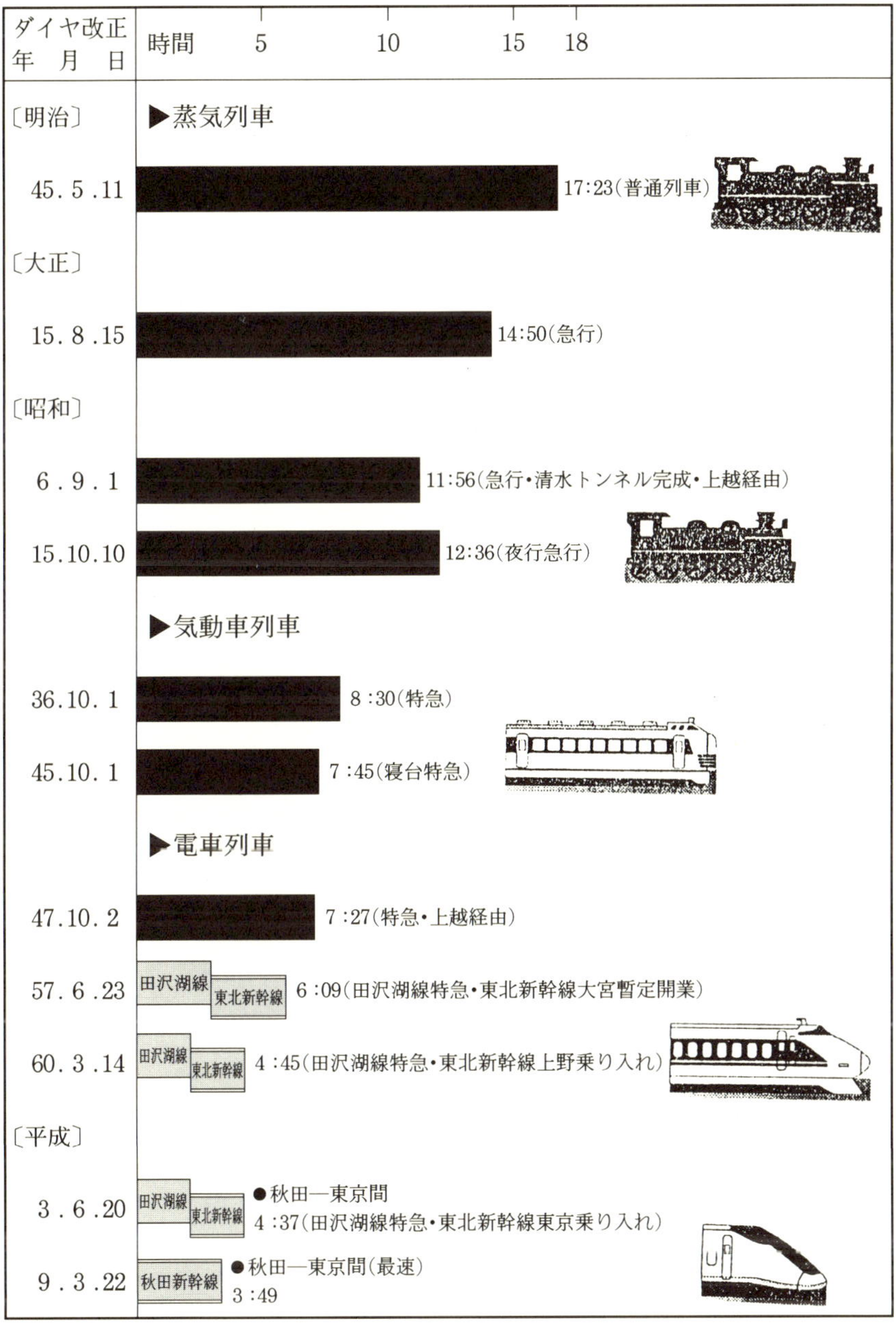
ダイヤ改正
年　月　日
時間　5　10　15　18
〔明治〕
▶蒸気列車
45.5.11
17:23（普通列車）
〔大正〕
15.8.15
14:50（急行）
〔昭和〕
6.9.1
11:56（急行・清水トンネル完成・上越経由）
15.10.10
12:36（夜行急行）
▶気動車列車
36.10.1
8:30（特急）
45.10.1
7:45（寝台特急）
▶電車列車
47.10.2
7:27（特急・上越経由）
57.6.23
田沢湖線
東北新幹線
6:09（田沢湖線特急・東北新幹線大宮暫定開業）
60.3.14
田沢湖線
東北新幹線
4:45（田沢湖線特急・東北新幹線上野乗り入れ）
〔平成〕
3.6.20
田沢湖線
東北新幹線
●秋田一東京間
4:37（田沢湖線特急・東北新幹線東京乗り入れ）
9.3.22
秋田新幹線
●秋田一東京間（最速）
3:49

観光・交通新時代への対応

「まごころ秋田」から「秋田花まるっ」

旧国鉄が重点販売地域キャンペーンを開始したのは、昭和五十三年秋。

特色は、国鉄が各県と提携する共同作戦で、それまで市町村単位で実施の観光宣伝とは違い、県というひと回り大きなエリアでとらえるものだった。

秋田県の実施は、五十六年度夏からの「まごころ秋田キャンペーン」で、翌五十七年秋にも行う。平成三年八月には、秋田、青森、岩手の北東北三県と、ＪＲグループ六社がタイアップの「北東北に針路をとれ」を掲げ四カ月間展開する。

秋田新幹線開業に伴い、ＪＲグループでは、平成九年四月から六月にかけ、「デステネーション（目的地）キャンペーン」を計画。秋田の観光を売り込み、誘客をはかることとしている。

新幹線開通ＰＲ「花まるっ」のぼり（秋田市内）

秋田新幹線「こまち」
平成9年3月22日(土)開業
秋田－東京間　のりかえなしで最速3時間49分
JR東日本

秋田新幹線開通近し（秋田駅前買物広場の看板）

一方、秋田県ならびに観光団体の取り組みはどうか……。

平成七年、県は長年親しまれ、成果を収めた「まごころ秋田」に代わる新しい観光キャッチフレーズを一般から募集、全国から一万一千余点の応募を得、十一月に「秋田花まるっ」を採択。シンボルマークも決定。県観光ＰＲにはずみをつけた。

八年四月、秋田新幹線記念大型観光キャンペーン実行委員会（辻兵吉会長）は、会の名称を「秋田花まるっ大型観光キャンペーン実行委員会」と改め、事業計画を進めることとする。

実際的な活動は、十月七日、秋田市アトリオンでの観光フォーラムを皮切りに、県内各地で街頭キャンペーンを繰り広げる。

秋田売り込みは、何といっても首都圏をターゲットとすることが必要である。

首都圏集中観光キャンペーンの第一弾は、十月二十一日から十一月三日までの「秋田花まるっウイークス　イン東京」。

ＪＲや都営地下鉄の全車両へポスター掲示、上野駅や新宿駅での観光写真展、原宿「ふるさとプラザ」での収穫祭。十一月に入ってからは、東京ドーム前広場でメーンイベント「フェスタ・ｉｎ東京」を開催、竿燈、大太鼓、置き山、絵灯ろうなど。秋田の祭りをそろえ、郷土芸能や味覚の良さでアピールした。

このほか盛りだくさんの企画で、新幹線開業前のアプローチに全力投球しつつある。

秋田は、ここに至り、ようやく本格的な高速交通時代到来である。

九年三月二十二日秋田新幹線開業。九年中に秋田自動車道全線開通。十年の大館能代空港開港と続く。鉄道、陸、空と、秋田は高速体系の整備で、全県民が一体となって、活性化への大行進が今後軽快なリズムをきざみ、着実に、一歩一歩歩むことであろう。

昭和五十七年六月二十三日の東北新幹線開業を新聞は〈21世紀へ〃緑の疾風〃〉という見出しで報じ、平成四年七月一日の山形新幹線開業では、〈〃銀の疾風《はやて》〃駆ける＝「つばさ」はばたく〉という見出しが、紙面に躍っていた。

さて、秋田新幹線開業時はどうだろう。

私なら〔色白、ふっくら雪肌「こまち」白銀を蹴散らしいよいよ疾走!!〕と、いったところか。

旧友の詩人が書いた詩の一節

「風のように春を呼んで走りまくる」

この情景が、ちらちらと瞼《まぶた》をよぎる。

その日が待ちどおしい。

地理教育　鉄道唱歌『秋田新幹線版』

〽汽笛一声新橋を／はや我《わが》汽車は離れたり／
愛宕《あたご》の山に入りのこる／月を旅路の友として

名調子ではじまる『鉄道唱歌』は、明治、大正、昭和の中葉にかけ、全国を風靡《ふうび》した唱歌の傑作であった。

明治三十三年五月、「地理教育　鉄道唱歌」の名で発表された。大和田建樹《たけき》作詞、多梅幼稚《おおのうめわか》作曲による、いわゆる『鉄道唱歌』は、当時、わが国大衆音楽史に、格調高い新風をまき起こした。

同唱歌誕生七カ月後に、〈汽笛一声秋田版〉が発行されている。

作詞は、秋田師範教諭・鷹巣町出身の和田喜八郎氏。当時の知事武田千代三郎（六代目）は、熱心な音楽愛好者であることから、作詞を同氏に勧めてできたもので、明治調の雅文体で品格があり、北は矢立から南は院内まで、六十六節にわたっている。

また、大正五年（船川線全通の年）、銀行員だった船川の佐藤千代造氏が作詞した、十七節からなる「船川軽便線地理教育鉄道唱歌」もある。

そして、このほど「秋田新幹線版」を作詞したのは、古くから大の鉄道ファンで、現在鉄道友の会秋田支部事務局長の八代伯郎さん（秋田市住・七九歳）。新幹線沿線各駅の風物、ふるさと自慢や、見どころを詩情豊かにまとめている。

自費でかわいい豆本を刊行した八代さんは「皆さんから歌っていただければうれしい。秋田新幹線をいつくしみ、多くの人たちに乗ってもらいたい」と、熱っぽく語った。

鉄道唱歌
秋田新幹線

作詞　八代伯郎

一　警笛一声秋田市を
　はや我《わが》「こまち」離れたり
ゲージを広げてより速く
　新幹線の旅楽し
（秋田）

二　ほどなく見ゆる車両基地
　SLの影今はなく
色とりどりにカラフルな
　電車気動車みちあふれ
（車両基地）

三　右手に遠く大森の
　山に百獣動物園
日本経済担いきし
　デコイチの姿とどめおく

四　はじめ四戸の開拓で
　きりひらかれし四ツ小屋は
縄文遺跡のあるところ
　古代の住まい忍ばれる
（四ツ小屋）

五　四ツ小屋過ぎて和田の町
　霊峰太平登り口
妙義に似たる名峰の
　築紫の森もほど近し
（和田）

六　廃藩置県のその昔
　藩を追われし人達が
刀を鍬に持ち替えた
　大張野には武士の夢
（大張野）

七　奥羽線沿いしばらくは
　走る線路が三軌条
在来線と共同の
　二人三脚珍らしや
（北大曲・羽後四ツ屋・鑓見内）

八　古木の森に鎮座する
　唐松様は安産の
ご利益ありと全国の
　信仰あつめて羽後境
（羽後境）

九　弘法大師訪れし
　峰吉川の名瀑布
惜しむらくは水細り
　伝説の滝となりにしか
（峰吉川）

一〇　小正月の綱引きは
　刈和野の町二分して
稲作占う大勝負
　その綱駅に飾れおり
（刈和野）

一一　岳の巨人の伝説が
　伝え語れる神宮寺
明治の昔さきがけて
　少年野球の発祥地
（神宮寺）

一二　程なく着きし大曲
　夏の夜空に大輪の
華競いあう大花火
　日本一との声を聞く
（大曲）

一三　これより列車折り返し
　北大曲、羽後四ツ屋
鑓見内と進みなば
　仙北平野稲ゆたか

一四　八乙女城趾右にして
　羽後長野から鶯野
中仙町の円満造は
　どんぱん節の生みの親
（羽後長野・鶯野）

一五　城下の面影今もなお
　とどめ伝える角館
枝垂桜と黒塀の
　色どり冴える武家屋敷
（角館）

一六　生田すぎて神代は
　抱返りまで三キロ余
奇岩巨岩縫い流る
　渓谷の流れはエメラルド
（生田・神代）

一七　奥羽の山脈わけ入れて
　刺巻すぎて山深く
秋は満山錦着て
　旅の心を癒しけり
（刺巻）

一八　田沢湖駅に降りたてば
　いで湯の里と駒ケ岳
神秘の湖がほど近く
　乗り降り客で賑わしし
（田沢湖）

一九　ロマン伝説辰子の像
　湖畔に立てる田沢湖は
深さ清さで日本一
　ヨット仲間のパラダイス

二〇　谷川沿いに進みきて
　せまる山肌見上ぐれば
峠の茶屋の人かげが
　手をふり笑顔でお見送り

二一　生保内線と橋場線
　トンネル穿ち結ばれて
三〇年の歳月を
　過ぎて田沢に新幹線

二二　いでてはくぐるトンネルの
　次に赤渕春木場と
雫石に到りなば
　終点盛岡指呼の間に
（赤淵・春木場・雫石）

二三　岩手山麓ひろびろと
　広がるところ小岩井の
牧場《まきば》に遊ぶ人あふれ
　あとは大釜残すのみ
（小岩井・大釜）

二四　盛岡駅に到りなば
　三階ホームにかけ登り
待ち合せたる「やまびこ」と
　スクラム組んでひた走る
（盛岡）

二五　森の都仙台も
　首都東京も日帰り圏
ビジネス行楽思うまま
　楽々すませて帰りなん
（仙台・東京）

あとがき

この稿を書くに当って、今更ながら感じ取ったことは、わが国における新幹線の道程は、きわめてしゅん厳な環境下、いくつかの年輪を刻みこんで成し得た貴重な所産であること。つまり、新幹線こそ総合的な技術革新の〝申し子〟ともいえる。世界に誇り得る陸上交通機関であることはたしかである。

ゆえに、秋田新幹線開業までの歩みも、決して順調であったのではない。

東京オリンピック開催の年、世界の人々をあっと驚かせた「夢の超特急」＝東海道新幹線誕生までのプロセスから、その物語がはじまるのである。

明治中期、日本の鉄道・広軌論争から―東海道・山陽―東北・上越―山形新幹線を経て、県民悲願の新幹線『こまち』が、三月二十二日秋田で疾走する。

これで、東北最後だった秋田も、どうにか隣県と肩を並べて、高速交通時代の幕を開くこととなった。

開業後の問題点も少なくない。

すなわち、いかにして多くのお客さんを秋田に呼び込むか、県民の熱意と知恵をふりしぼって、新幹線効果を発揮しなければならない。

一方、踏切事故を防ぐことも、喫緊の課題であろう。

ともあれ、秋田新幹線の実現を喜び合い、次の飛躍へのステップを、的確に踏みしめていきたい。

最後に、本稿執筆に際し、国鉄ならびにＪＲ関係刊行物や、各種新聞報道記事を参考にさせていただいたことを付記しておく。

平成九年三月一日

田宮利雄

著者略歴

田宮　利雄　（たみや・としお）

1927年仙北郡神岡町神宮寺生まれ。

　国鉄入社、機関誌「秋鉄」ならびに社内報編集等。秋田鉄道管理局課長職で退職。

　秋田鉄道新聞編集長。平成５年から秋田県生涯学習センター講師。

　著書に『秋田ローカル線今昔』『秋田鉄道100話』『雪国ＳＬ物語』『発車線春秋』『あきた文学風土記』『あきた鉄道史ノート』『一世紀を駆けぬける』。鉄道史研究家

〒010　秋田市泉字新川58－10住

あきたさきがけブック　No.23

『こまち』出発進行!!

—開業までの秋田新幹線小史—

〔交通〕シリーズ ①

定価　五〇〇円（本体四八五円）
発行　平成九年三月二十日
著者　田宮利雄
発行編集　©秋田魁新報社
〒010　秋田市山王臨海町一-一
TEL　〇一八八-八八-一八五九
編集協力　秋田県生涯学習センター
〒010　秋田市山王中島町一-一
印刷製本　秋田活版印刷株式会社